만인시인선 · 14

비, 혹은 얼룩말

장하빈 시집

비, 혹은 얼룩말

만인사

자 서

너를 마지막으로 보낸 낙동강가에 와 있다.

素菊, 강변에 둘레둘레 피어나던 그 해 겨울. 미루나무에 매달린 까치집은 강물에 투신했는지 하늘은 빈 쪽박 차고 있다.

네가 반의 반나절 머물렀던 강기슭 옮겨 다니면서 오늘도 그리움의 촉수 뻗어 강바닥 모래알 헤집는다.

사랑과 비애, 그리고 절망의 이름으로 서쪽 하늘에 걸려 있다가 강물 속으로 사라진 개밥바라기에게 첫시집을 바친다.

2004. 8
낙동강변 작은 민가에서

차 례

차 례

2

차 례

3

차 례

1

호두

저토록

단단한 슬픔을 머리에 이고 있는

장대로 올려치면 호드득호드득 떨어져 사방 구르는

상처 난 껍질 벗기다 보면 손바닥 붉게 물들이는

욕망의 이빨로 와사삭 깨물어 보거나

돌멩이로 두들겨 속울음 하나씩 꺼내면

수줍은 알몸 드러내고 마당귀에 껍데기 쌓이는

언제였던가, 먼 나라에서 쫓겨나 이 땅에 시집 온

楸子란 별명을 가진

슬픈 여인

목련 지다

폭포잠 쏟아지는 기운 봄날
도서관 모퉁이로 들려오는 피아노 소리
푸른 강물 굽이치네
잰걸음으로 징검다리 건너뛰며
슬픔 한 올 한 올 자아낼 때
창문 너머 후둑후둑 지는 목련
백조떼 무리 지어 어디로 날아가나
책갈피에 얼굴 파묻은 채
낯선 시간 속으로 빨려 들어가
눈부신 골짜기 거슬러 거슬러 올라
천년 벼랑에 기대어 절정의 꽃 피우며
봄날의 탄식 혼자서 듣고 있네

개망초꽃

자전거 타고 달리다가 철길 건널목에 멈추었습니다
차단기 내려지고 종소리 땡땡땡땡 울려와
꼬리에 꼬리를 문, 검은 물체가 휙 지나갔습니다
훈장처럼 어깨에 꽂혀 나부끼던 개망초꽃
바람에 날리어 검은 바퀴에 깔리고 말았습니다

스무 해를 개망초꽃으로 떠돌았지요
등 뒤로 덤프트럭 언제 덮칠 지도 모르는 길섶에서
나의 페달은 자꾸 헛돌았지요
차단기 굳게 내려진 가슴 속, 종소리 울려 퍼질 때마다
검은 물체에 대한 기억을 벼랑 끝으로 밀쳐냈습니다

실어증 앓던, 개망초 같은 시절이었습니다

비, 혹은 얼룩말에 대한 회상

1

비 그친 날, 질퍽한 길을 가거나 깊은 웅덩이 바라볼 때 가끔 오르가즘 느낀다

2

저 들판 一筆揮之로 긋고 가는 장대비, 누가 얼룩말 타고 달려오던가 흙탕물 뒤집어쓴 얼굴로, 날 저무는 헛간 기어들어 짚더미에 불씨 던지면 나지막이 퍼져나가는 연기, 눈물, 연기, 눈물, 연기……

3

엉덩이에 박힌 몽고 반점. 매 맞은 자국 부끄러워 대중목욕탕엘 가지 못했다 수세미로 문질러 덧난 흉터, 불혹에도 동여맬 수 없는 그 푸른 자국

마흔 셋의 어머니 뱃속에서 지워지지 못한 나, 빈 들판 내달던 얼룩말의 비애 지녔던가

4

벽돌담 타고 기어오르는, 힘에 부친 저녁 햇살. 유리창에 스미어 푸른 얼룩 남기고 미끄러진다

자명종

때 맞춰 소리하는 것도 이력났습니다 비가 와도 공치는 날 없이 되풀이하는 나의 울음은

다락방에 이사 온 뒤로, 모래밭 서성대는 식구들의 잠 둘레 기웃거리다가, 때로는 서가에 갇힌 먼지 덮어쓰고 있다가 새벽녘에 혼자 일어나 짐승처럼 울부짖었습니다 공포에 질려 울다가 내 울음소리에 놀라 울고 나중엔 신이 나서 울었습니다

가위눌린 듯 몇 해 그렇게 지내고 나니, 밤마다 鳴沙山 오르는 일이 무료해졌지요 모래에 발목이 빠지는 고독한 行步, 삽시간에 모래바람 일어 온몸에 맥이 탁 풀립니다 다투어 코 고는 인간의 숨소리도 예사롭지 않습니다 달빛과 풀벌레에 이끌리어 문 밖으로 도망쳐 보지만, 뒷덜미 낚아채여 모래무덤에 갇히고 맙니다

그래서 내 울음은, 침묵의 깊은 골짜기 패며 흐르다가 한바탕 소용돌이치는 새벽강입니다

날개

1
나는 한 때
'낙동강 하구, 날개 없는 청둥오리 출현' 이란 記事에 밤새도록 가슴 친 적 있었다

내 피붙이에게 그런 天刑이라니!

2
오늘도 베란다 한켠에 웅그리고 앉아
녹슨 바퀴 굴리는 열두 살배기
청둥오리처럼 왝왝거리며
저녁 햇살에 날갯죽지 투명하게 만드는 저 아이가
흥건한 녹물로 입 속에 고여온다

耳鳴

1

밤마다 기차가 지나갔다

길고 긴 울음의 터널

2

비 오는 버스정류장 근처 텅 빈 신문가판대, 전화기 댕그라니 매달린 공중전화부스, 뿌우연 빗길 미끄러져 오는 버스, 쪼르르 몰려가는 우산, 발 동동 구르는 책가방…… 오, 거리의 무성영화

3

오늘 아침 귓가에 바퀴 소리 그쳤다 옥상 위 안테나, 빗방울 또옥 떼어낸다 낙숫고랑에 서서 조롱박 가득 빗물 받아 머리에 덮어쓰자 빗물은 가슴, 사타구니, 발등 타고 흘러 마당귀의 흙내가 전신에 풍겼다 박쥐우

산 펼치자 우울한 시간들 푸드덕푸드덕 날아 올랐다

거리에 무수히 찍힌 발자국마다 울음 진창으로 고여 있다

빛 바랜 운동화

운동화 한 켤레 섬돌에 놓여 있다

빗소리에 지쳐 새우잠 자는 아이
그를 내려다보면
앞산 캄캄하게 무너져온다

숟가락조차 이기지 못하는 그를 바라보면
펜대가 내 손가락에서 자꾸 빠져나간다

하얀 운동화 팔아 비행접시 바꿔 오라며
장 보러 가는 제 엄마한테 떼쓰다가
새록새록 잠든 그믐 칠야

둥둥 건넛마실 가거라
나의 작은 神이여!

자화상

절필한 시인을 생각한다
겨울 화단 배회하던 사내와
앉은뱅이꽃으로 산천을 떠돌던
아들의 다친 영혼과
금호강에서 주운 돌로 집 한 채 앉혀놓고
그 속에 칩거하던 깡마른 체구와
납덩이 같은 비애 지고 수성못 돌던
구부정한 그림자를—

비 오는 밤, 캄캄한 다락방에 갇혀
울부짖던 짐승을 기린다

아버지와 타자기

아버지는 굴신 못하는 어머니와 낡은 타자기 남겨놓고, 내가 잠든 동굴 밖 아득한 세상으로 떠났다 처음 굴 속을 더듬기 시작했을 때,

애 · 야 · 그 · 길 · 로 · 곧 · 장 · 가 · 라 · 돌 · 아 · 보 · 면 · 눈 · 먼 · 단 · 다

아버지는 어둡고 긴 통로 끝에 젖은 수숫단 세우며 나직이 중얼거렸다 때로는 소나기로 내려와 신열 오른 이마를 짚어 맑게맑게 가라앉혀 주었다

세상 건너는 법, 아직도 난 모른다

캄캄한 목숨 지탱하는 동굴 저 편에 가볍고 눈부신 나비의 날갯짓 새겨넣어야 하는 것을

어머니와 타자기 끌어안고, 앞산 그림자처럼 錐를 길게 드리우고 지척지척 걸어가야 하는 것을

개밥바라기 추억

겨울 금호강에서 그에게 편지를 썼다
등에 업혀 새록새록 잠들다가
어두운 강물 속으로 사라져간 개밥바라기

하얗게 얼어붙은 강 어귀에서
모닥불 지펴놓고 그를 기다렸다

한참 뒤, 폭설 내려와
강의 제단에 바쳐지는 눈발 부둥켜안고
모래톱 돌며 齋를 올렸다

눈 그친 서녘 하늘에 걸린 초롱불 하나

풍화

어머니의 비탈에서 흘러내린 고운 모래였지요

골짜기 거슬러 비구름떼 몰려오면 미끄럼타고 미끄럼타고 산비탈 내려와 기슭에 쌓였지요 앉은자리마다 햇살 쨍쨍 쏟아지고, 물살 찰랑 스치어 층층이 빛났지요 개울에 누운 잔돌끼리 굴러다니다 이마에 상처 입고, 별 초롱초롱 눈물 쏟던 밤도 지났습니다

마른 천둥 치던 날, 산비탈 떠나는 애송 하나 보았지요 덜컹거리는 소달구지에 올라앉아 목쉰 울음 떠메고 가던 골짜기, 삿갓구름 덮인 황토배기 향해 하늘대던 그 까만 솔방울

새끼 염소 데리고 잣눈 스러진 산모퉁이 돌아가면, 어머니의 비탈은 깎이고 깎여 허연 늑골 드러내고, 그 사이로 오늘도 돌개바람 불고 있습니다

쓸쓸한 귀가

낡은 서류철, 알처럼 품고
탈래탈래 집으로 돌아가면
거대한 도시 집어삼킬 듯 입 벌리고 있는
타워크레인과 마주친다
시장통 지나 좁은 골목길에서 쳐다보아도
한쪽으로 차츰 기우는 것 같아
무허가건축인 내 꿈은 밤마다 헐리고 있다

저 불안과 우울의 상징탑 위로
해 지고 달 뜨기를 몇 날 되풀이해야
내 마음의 기울기 회복할 수 있을까

오늘 밤도 이 도시를 비행하는 저 낯선 물체에
우리 집 강아지는 가위눌린 꿈에 시달릴 것이다

소태리 가는 길

— 민병도 작, 한지에 수묵 채색, 20호, 1985

소태리 가는 길은
연탄재 한 줌 깔리지 않은 황톳길이었다
담배 연기 피워 올리며 가도 가도
아버지 곁에 다소곳이 앉은
어머니 산소 보이지 않는다

어머니 젖무덤 쓸어본 적 없다
싱아, 누야
소리쳐 불러본 적 없다
염색공장 흐린 하늘 아래, 톱니바퀴 소리만
가슴에 차곡차곡 쌓았을 뿐—
밤바람 울리며 떠나온 그 길로 접어들면
컴컴한 미루나무는 손을 내젓고
몇 해 더 자란 풀도 발목 잡는다

들녘 끝
빠알간 지붕과 그 위에 꽂힌 안테나
손에 잡힐 듯 말 듯 한데

풀씨 퍼뜨리어 텃새떼 부르며
나는 언제나 그곳으로 간다

겨울비

빈 들판 내닫는
들쥐의 젖은 영혼이거나

절뚝거리며 걸어오던 젊은 날
긁적이다 만 詩

앉은뱅이책상 앞에 쓰러져 잠든
내 눈과 귀 적시는

바지랑대 타고 내리는
대지의 잠언

—낮은 데로 임하라

얼음조각상
— 소멸, 그 아름다운 지상의 잔치

삶의 축제 한 마당, 초대 받은 새야! 활활 타오르고 있나

신들린 어느 가위손에 갓 태어난, 오 투명한 날개! 차디찬 네 몸 안엔 붉은피톨 돌지 않았다 먹이를 챌 수도, 창공을 차오를 수도 없었다 완벽해! 내지르는 탄성 속에 눈부신 빙산으로 허공에 떠 있어, 황홀한 눈빛 뜨거운 입맞춤 스칠 때마다 목과 다리 패이고 잘록해져 아픈 시대 아물지 않는 상처로 남아 파닥이나

홍청거리던 하객들, 야간열차처럼 줄줄이 엮이어 돌아가고 불빛도 떠난 빈 자리, 적막으로 떠도는 부리 하나

冬安居 일기

비닐천막 찢긴 축사 위로 눈발 흩날린다
햇빛과 몸 섞지 못한 헛간 속의 나날
쇠똥마다 새까맣게 달라붙던 파리떼 보이지 않고
달 보고 짖던 늙은 개 어디로 끌려갔나

사료 나르며 축사에서 겨울 한 철 보냈었다
시집 보따리 풀어 忍冬잎* 베고 누워
處容斷章* 읽어내려 갈 즈음
재 넘어오는 버스가 끼니때 알리고
훈훈한 볏짚 향기 취해 외양간 순례하면
먼 발자국소리 듣고 어슬렁어슬렁 다가오던
누런 소, 그 서늘한 눈매로 살다 간
아버지 세월 한 자락이 구유에 갇혀 있다

눈발 몰아치는 저 허깨비 같은 축사 허물리라
기대어 수숫잠 자던 흙벽 무너뜨리고
고삐 묶인 시간의 말뚝 뽑아서, 소처럼
아버지 누워 되새김질하는 야산에 짐 부리리라

---

* 김춘수의 시 제목임

1978년, 한림

웅크리고 앉아 잠들지 못하는 날들이었네
돌무지를 맨발로 뛰어다니던 잡동사니들
침묵하지 않으리라 침묵하지 않으리라
손가락 잘랐던 붉은 안개밭 허둥대었네

그믐치마다 키 큰 장정들 톱날 들고 와
몸뚱이 허옇게 태우는 자작나무 쓰러뜨리고
아침이면 저 강물 위로 시신처럼 떠오르던 뗏목, 뗏목
쇠사슬 채워져 翰林을 떠내려가는가

지상에 발 묶인, 목 잘린 나무들
가지 마라 가지 마라
찬비에 떨며 우우우 울고 있었네

2

거미의 집

들창문 사이, 햇살 스미고
침입자 하나 없이
공치는 날

내 마음 말뚝 박고 사는
이
즐거운 감옥

주남저수지에서 울다

그곳에 가면 새떼의 비상과 눈발의 침몰을 카메라로 잡을 수 있다는 말은 美辭에 지나지 않았다 주남들 가로질러 자동차로 달려가도, 박수갈채 속에 날아오른다던 새떼의 비상은 연출되지 않았다 저수지 곳곳에 정박하고 있는 큰고니 쇠기러기 흰비오리 고방오리 무리들, 깃털 하나 날지 않는 주남의 황량한 하늘, 거기에 우리들의 깊은 절망과 안식이 찬밥처럼 얼어붙어 있었다 정처 없는 새끼고니 창공에 원을 그리며 사라지고, 그 눈부신 비행의 꼬리 좇아 한참 넋을 놓았다 길 잃은 사람들 깃들이지 못하고 돌아서는 그곳에 가면, 해의 상승과 새떼의 하강을 한눈에 그려볼 수 있다는 말은 麗句에 지나지 않았다

줄장미

다락방 창문 위로 줄레줄레 오르는 저 몸짓

벌레 먹은 날들, 먼지 덮어쓴 채
열락을 꿈꾸던 그 어두운 골방 안

한 발짝도 벗어나지 못하던
햇빛에 대한 공포 지우고

천상에서 내려온 두레박줄 타고
팔랑팔랑 날갯짓하는
저 눈부신 상처의 기억들

가시연꽃

물안개 피는 우포늪엘 갔지요 널따란 치맛자락으로 내 슬픔의 뿌리 감싸던 그대 모습 보이지 않고 옥잠, 생이가래, 개구리밥이 반겨 주었지요

새살 돋는 봄날 허송하고 이제사 그대 문 앞에 당도한 탓일까요?

냇버들과 억새풀 사이로 한가로운 고니, 흰뺨검둥오리, 논병아리, 오목눈이, 댕기물떼새, 노랑때까치 더불어 천지사방 늪에 잠겨 있다가, 새벽 안개에 젖어 돌아와 사흘 낮 사흘 밤을 우렁이 꿈속 헤매었지요

비에 젖은 우체통처럼 병 깊어가는
내 몸 언저리, 가시 숭숭 돋아나
한 잎 한 잎 다투어 꽃 피우는
저 스쳐간 봄날의 直指心經

直指에 들다

물소리 經 읽는 산사로 향하네
마을마다 잇닿은 길들의 풍경 지우며
떠날 것 서둘러 떠난 정거장 스치네
굽은 지팡이에 지친 몸 의지한 채
산그늘 빠져나와 허허벌판 지나니
무논 가운데 박힌 허수아비
십자가처럼 석양에 붉게 빛나네
등산모자 벗어 성호를 긋고는
어두운 골짜기 미끄러지자
솔가지에 얹힌 눈 와르르르 무너지네
신발 끌며 골바람 지나가고
얼음장 속으로 발부리 뻗으면
바지랑대 끝에 초승달 아득히 흔들리며
直指의 밤은 그렇게 오네

비어있는 방 · 1

텅 빈 절구통 같다
햇살이 빈방을 들락날락한다

책상 앞에 앉아 그의 행적 더듬는 동안
전원이 꺼진 컴퓨터 화면에
여행객 차림의 한 사내 비친다
시외버스정류장 근처이던가
그 우울한 표정, 어디서 스친 듯하다
오늘 날짜의 책상 달력에는
土末이라 낙서한 흔적 보인다

썰물 지기 전, 땅끝에 닿을 수 있을까
쓸쓸한 마음 먼저 가 있다

비어있는 방 · 2

방문을 따고 들어서면
햇빛과 그늘이 먼저 와서
서로 밀고 당기는 놀이를 하고 있다

부재중인 그를 기다리다 오늘도 지쳐서
햇빛에게 말 걸며 창가에서 놀다보면
외로움 탱탱히 부풀어오르고
오랫동안 부화되지 못한 눅눅한 기억들
녹슨 문고리 잡고 흔든다

빈방 들어서면
터진 실밥 같은 것들 만져진다

동성로 사랑

내 쓸쓸한 날의 호주머니 같은 역 지하도 지나
굴착 공사 한창인 중앙통 봄맞이 가네
육교 위에 걸린, 표정 잃은 낮달 한번 쳐다보고
가슴 속 휑하니 스치는 황사에 길 잃다가
마음 외로이 꺾어도는 길모퉁이 서점에 들러
먼지 앉은 시집 한 채 짊어지고
동성로 들어서서 이리저리 다리품 팔고 나면
시집 속에 박혀있는 어두운 활자 사이로
휘청거리며 오는 세대여
눈먼 사랑이 깃들인 이 황홀한 거리에
詩가 도대체 어떤 빛깔의 벽화를 남길 수 있을까

유리城 들어선 왕비다방 근처 서성대다가
시집 한 채 헐어 버리고
손도 마음도 가벼워져 돌아가는 동성로

매화마을에 가다

숨 가빠라, 섬진강 스치는 마을마다 자잘한 꽃향기 품고 있다니 토지마을 송정리 화개장터 화심리……, 혹은 술상에 오른 은어떼, 재첩국 같은 이름들 되뇌이며 물길 찻길 따라 하동으로 흘러가면 강 건너 골짝마다 화들짝 일어서는, 때아닌 殘雪. 어디서 꽃샘바람 불어와 가슴 언저리 매화꽃 점점이 번지는가 낡은 밧줄 잡고 저승 가듯 섬진강나루 더디 건너 한 짐 몸 부리면, 매화 등불 내걸고 꽃잔치에 온 동네 술렁이네 산비알마다 하얀 무명자락에 댕기빛으로 타는 얼굴들, 그 틈서리에 나도 한나절 몸달아 오르네

천 리를 온 사내, 매화 속으로 그만 길을 잃네

겨울 花壇 · 1

문풍지에 매달린 바람의
긴 비명소리,
안경을 잃어버린 나의 눈은
눈 높이 하늘에 머물러 있다

물 길러 간 사내와 마중 나간 아내는
아직 돌아오지 않고
열흘마다 혹은 보름마다
내 몸 무너져
꽃보라 대신 눈보라를 만들고 있다

흙무덤 사이, 나의 한쪽 발은
동상 걸린 채
방 아랫목 차지하고 있다

겨울 花壇 · 2

몇 장의 엽서 부치고 돌아온
텅 빈 마당, 한나절 지나
햇살이 뜨락에 비쳐 들어
무릎 깊숙이 얼굴 파묻고 앉은 채
나는 그루잠 자고 있다

개울 근방에서 날던 새가
발목 가까이, 빈 자리 옮겨 앉으며
잠든 내 팔 한 가지 흔들어 깨우고 있다

지팡이 마련한 어느 날 이후
나의 한쪽 발은
뜨락을 내려 서 있다

양지로에 비

언제부터일까, 집 나온 가로등 하나
자주 옷고름 풀어헤친 채
양지로에서 처량처량 젖고 있다
그 아래, 희멀건 낮달 같은 소녀가
사타구니에 달라붙는 빗물 떼어낸다

굵은 빗발에 사정없이 채어 우는
열다섯 살 소녀는 양철북이었다
붉은 못 박힌 그 아이의 발바닥은
양철지붕 위를 밤마다 뛰어다니다가
아침이면, 교복치마 두르고
양지로를 환하게 걸어나온다

외투보다 가슴샘 먼저 젖어오는 양지로에서
오늘도 허기에 떨며 바라본다
금 간 담벼락 틈새마다, 빗물이 그리고 간
아름답고 우울한 壁畵를—

새마을 이발소

슬리퍼 끌고 동네 모퉁이, 새마을 이발소 가면
헌 보자기 목에 두른 낯익은 사람들 만날까
막노동하다 허리 다쳐 실업자 된 김씨와
노름판 돌며 실업가 꿈꾸는 이씨가 차례 기다리고
연탄난로 위로 증기기관차 지나가고 있다
청동거울 속, 한 사내의 젖은 눈
표지 달아난 잡지책 뒤적이다가
달력에 맺힌 물방울 같은 날짜 응시하고 있다
—짧게 자를까요?
습관적으로 고개 끄덕여 대답하면
머리 위, 헬리콥터 요란하게 지나가고
흑백 텔레비전에서 최루탄 터져나와
평화와 폭력이 난무하는 혼돈의 시대를 읽다가
면도날 다가와 웃자란 놈 사정없이 깎이고
죽음보다 깊은 잠 스르르 드는 곳
작업복 걸치고 우리 동네 새마을 이발소 가면
재건축 이야기에 달뜨는 배추 속 같은 얼굴들 만날까

흐르는 것들

비 오는 저녁
신천대로 오르면
정지되지 않은 시간이 있다

저 뿌우연 안개 속
길 잃은 신천보다 빠르게 헤엄쳐가는
꼬리 문 자동차 불빛들
수인번호 하나씩 달고
어디로 흘러흘러 가나

아침 저녁 몸살 앓는 신천대로 따라
피붙이랑 짐짝이랑 싣고
혹은, 혈혈단신 길 떠나는
슬픈 유민들

그 흐르는 물결 속
나는 또 어디로 갈까

차창에 매달리는 젖은 나뭇잎 하나
온몸 파르르 떨며
캄캄히 길 막는다

오토바이골목에서 서성대다

저녁 무렵
중구 서성로 오토바이골목 들어서면
사방에서 수숫대 서걱거리는 소리 들려오지

팔려가지 못한 기계 부품들 졸고 있는
캄캄한 상자 속을 기웃거리면
내 의식은 머리, 몸통으로 해체되지

길 놓친 바람도 이곳 지날 때는
빈 술병, 깡통 무리 지어 휘파람 불며 가고
나사 풀린 인간들 하나 둘 와서
새 것으로 갈아 끼우고 가지

타이어처럼 굴러다니다 공터에 버려진 채
어둑한 골목 적이 떠나지 못하는
한 사내의 젖은 눈

—여기는 대구의 명소, 오토바이골목입니다

西厓 생각

하회의 들머리, 만대루 올라
활처럼 휜, 저 넉넉한 물굽이 바라보면
지느러미 달린 가파른 시간들
오늘도 은어처럼 숨가삐 헤엄쳐 오는가

뒤로 나앉은 屛山과 앞에 드러누운 河回 보며
그대에게 다가서는 법 익힐까
서늘한 강 옷고름 풀어헤치고 가는 바람
따가운 모래 밟고 사는 햇빛 보며
세상사 다스리는 법 깨우칠까

저기 굽어보이는 낙동강 하구 모래톱마다
소금기둥 깎아 세우던 날짜들
강바닥에 죄다 파묻고 와서
마주치는 눈빛과 이름과 주소 버리고
잎새 따라 흘러 흘러 西厓에 닿아
懲毖錄 읽으며 시절을 뉘우치려 하네

삽교호 지나며

저 미쳐 널뛰던 바다 안아서 재우며
시린 차창에 그 해 마지막 성에꽃 피었다 지는
삽교 방조제 바람결에 스치면
얼어붙은 돌이끼도 새로 돋으리라
파도 실은 관광버스가 뒤뚱거리며
철새떼 행렬 속에 가다 서다 반복할 때
언 강물 아래 눈발 좇는 고기떼들
일제히 날아올라 내게 투망 던진다
지난 여름, 鄭형은 푸른 날개 돋쳐
방파제 너머 시퍼런 바다로 갔다
지상의 길이란 길, 진창 만들며
내 가슴 속 녹슨 닻줄 달아 내리는 눈발
버스와 승객과 도시락이 한데 엉겨붙고
나는 깃 빠진 새, 부러진 화살 되어
부적 하나 품고 西域 떠돌다가
달빛 스미는 객창가에서 하룻밤 깃들이고 싶다

갓바위 오르는 사람들

골짝 물소리 벗삼아
푸른 절망 업고 오른다

가파른 산길 오르는 사람들
타고난 곱사등이다

가슴에 초 한 자루 묻고
비탈에서 비탈로 가는 사람들
스치는 얼굴마다 화안한 눈물 얼비치며
길가 돌탑에 소망 하나 얹는다

—쿠르드족 난민이 이 땅에 온 걸까?

산등성이 부는 바람
바위마다 지잉징 울고 가고

내 마음 안에 들어와 앉는
갓바위 부처

겨울, 비파산

양지바른 곳마다 극락전 향해 누워 있는 무덤들.
마른 꽃대궁 하나씩 꺾어 던지고
그 적막 따라 굴참나무 숲길 오르면
발길에 차이는 가랑잎들, 언 날개 부딪히며
높은음자리로 날아오르는 저 가락

3

첫사랑

천등산 끝자락에서
가서 오지 않는 너를 기다린다

박하 향기 아득한 시간의 터널 지나
푸른 기적 달고 숨가빠 달려 와서
내 생의 한복판 관통해 간
스무 살의 아름다운 기차여!

오래된 악기

초가을 낙엽 뒹구는 오후
휑뎅그렁한 앞산공원 주차장엔
낡고 오래된 악기 하나 버려져 있다

물봉선 같은 그대, 한 떨기 햇살 거느리고 와
빈터 기웃거리다 젖은 꽃잎으로 내려앉을 때
내 마음 끊어질 듯 팽팽한 현이 되다

어릴 적 하늘을 긋던 비행운처럼
비탈진 마음자리에 그대 손자국 남기고 간 뒤
통기동 통기동
바람만 스쳐도 내 몸은 통기타 소릴 낸다

난지도

버림받은 자여
물안개 덮인 여기로 오라

지상에서 추방 당한 술병과 깡통 같은 것들
상처 난 주둥이 맞대고 부둥켜안아
한 핏줄로 얼크러진 채
그들의 영토 나날이 넓혀가며
위대한 반란 꿈꾸고 있는

섬

섬

종이를 접습니다
허허바다같은 그대, 푸른 섬에 닿기 위해
땅거미 몰려오는 해안선 돌며
종이갈매기 날립니다

그러나, 손끝에 잡히는 건
파도에 젖어 파닥이는 날개, 날개뿐
푸른 비상 꿈꾸는 나의 목숨은
매운 해풍에 곤두박질치다가
하얀 물거품 되어 가라앉습니다

한평생 그렇게
종이무덤 만듭니다

천둥 머언 날, 떠도는 섬 하나
갈매빛 꿈속에 외로이 비칩니다

봄날, 젖음에 대하여

1

햇살에 취해 못둑길 걷는데, 산책 나온 쑥부쟁이 나직이 말한다

"우린 슬픔과 기쁨의 경계에 피어있는 거야. 혼돈 속에 살고 있지."

그러자, 햅쌀밥 같은 詩篇 묶으라는 말 남기고, 캄캄한 얼음장 속으로 사라진 그가 불현듯 생각났다

2

저 높다란 곳 까마득히 흔들리는 까치집.
누가 내 눈물을 훔쳐 매달아 두었는가

눈부신 봄날엔 목젖이 젖어왔다

잠시 주차중

저물녘, 주택가 골목길이나 소공원 산책길 어디에도 '잠시 주차중'이란 날개 달고 몽상에 젖어 있는 차들 본다

언제부턴지 내 사랑도 그 틈바구니에 끼여 해넘이와 으스름 달빛 바라보는 게 허름한 일과가 되어버렸다

소리 죽여 흐르는 신천 둔치에 차를 세우고, 집 잃고 떠도는 저 하늘에 황소자리로 박히기를 꿈꾸랴

늦은 귀갓길 그대 집 앞까지 굴러가서, 내 어깨 툭 치던 따스한 손길이 가로등이었는지 조각달이었는지 회상하랴

오늘도 내 사랑은, 주차위반 딱지 떼일까 견인차에 실려 갈까 차가운 눈발 견디며 그대 곁에 잠시 주차중이다

빈센트 반 고흐

화폭 지고 아를르 태양 속에 날아드는
불나비 보았는가
보리와 농부가 기도하고 서 있는 비탈밭 지나
황토배기 숨가쁘게 오르다가
붓, 팔레트 길바닥에 내려놓고
새우잠 자는 턱수염 붉은 사내 보았는가
몽마르트르 거리의 옛소녀 만나
붉은 침대가 놓인 방과
귀를 자른 자화상을 선물하던
미친 사랑 본 적 있는가

정오의 불바다에 서서
해바라기, 해바라기로 타오르던 한 사내의 눈빛
—나에게는 살아있는 이유가 있다

해후

초록넥타이 매고
봄비가 찾아왔다

한나절을 골목에서 오락가락하더니
초인종 누르고 더듬거리는 말투로
근황을 물었다
—금호강 보면 아직도 화, 화안히 젖어오니?

흐린 창 밖으로 고개 내밀고
속눈썹 촉촉이 젖은 그를 맞으며
나지막이 대답했다
—응, 비껴 흐르는 건 한 줄 시가 돼.

저켠으로 어둑어둑 사라져가는 그의 발자국마다
가로등 하나 둘 켜지고
세상엔 둥근 평화가 왔다

공중전화

비 오는 버스정류장 근처 공중전화부스에서
키 작은 우산 기다렸다 목을 빼고
18, 19, 56, 127, 89…… 숫자 헤아렸다
종이컵 속에 녹아드는 시간들
빗줄기 타고 흐르는 발신음에 젖어
닫힌 공간 밖으로 스치는 연인들 바라보며
동전 한 닢의 사랑 꿈꾸었다
반 평짜리 단칸방에서 점박이 소녀와
청삽사리 함께 뒹굴고 싶었다

스멀스멀 기어 나오는 갯지렁이 같은 추억들

안개

1
자동차 타고 수성못 가까이 돌면 라디오에서 예스터데이 미리 흘러나오고, 윈도 와이퍼 기우뚱거리며 빗물 훔쳐낸다
머지않아 내 몸도 낡아 폐차장으로 실려갈 것이다

2
어제는 안개더미에 묻힌 추억 속 헤매다가
바람꽃 피던 봄날 훨훨 날려보냈던 한 여자 만났다
어깻죽지에 실려오는 여린 달빛, 달빛

팔짱 끼고 호숫가 돌면서, 함께 뭉게뭉게 피어나면서
수만 마리 파도 잠재우던 광기어린 날들을 헤아렸다

3
그 호수엔 안개시인*이 산다

---

* 카페 이름

내소사 단청

전나무 숲길 지나
벚나무 화안한 마당 지나
능가산 내소사 들어서면
저 높은 곳, 둥지 튼 비탈진 삶도
따사로운 봄 언덕에 기대었습니다

대웅보전 들러 합장하는 순간
수수꽃다리 훔쳐보던 사랑
부처님한테 그만 들키고 말아
붓을 물고 관음벽화 속으로 날아갔습니다

요사채 뒷마당 우물가 돌아가 보면
붉은 깃털 하나 빠져 울고 있었습니다

법이산의 저녁

1

솔숲 향기 맡으며
산자락에 묻혀 한나절 보냈습니다

책갈피 넘길 때마다
산까치 날고 흰나비 오고
그러나 그대 모습 보이지 않아서

산길은
허리 구부렸다 폈다 합니다

2

산그늘 덮고 돗자리에 누우면
엉겅퀴
개망초
소나무에 총총 매달린 저것들

지상의 아름다운 별 아닐까
저무는 하늘에 울컥 목이 메입니다

꿈도 흐린 날엔
봉수대 연기로 피어오릅니다

아름다운 폭설

여기는 침묵의 언어로 빚어낸
눈 덮인 충주호.
그대 떠나와 비로소 그대 보네
어제는 흘러서 빛나는 강물이었다가
오늘은 내 팔뚝에 갇혀서 호수가 된
그대 푸른 치맛자락에 싸여 하룻밤 새고 나니
산빛, 물빛이 白紙로 변해 있네
쓸쓸히 떠도는 자에게 뿌려진 양식
굽어도는 길 위에 넘쳐나네
중부 산간일대에 20년만의 폭설이라고
흔들리는 라디오 주파수에 잡히곤 하지만
바퀴에 쇠사슬 감고 찰카당 찰카당
환상적인 눈꽃여행에 한달음 치네
죽령은 죽어도 넘지 못한다오, 이화령이요
차창 밖 들려오는 행인의 말에
길 놓치지 않으려 핸들 움켜잡아도
마음은 그대 쪽으로 자꾸 휘어지네
눈 덮인 호수 속 깊은 슬픔과 사랑에 빠져
석 달 열흘 그대에게 발목 잡히고 싶네

몽상가의 오후

자벌레처럼 어디론가 떠난다
빈 가지에 걸어둔 구름에게 길을 물어
오늘 못 닿으면 글피쯤엔 하는 생각에
들판 한 자락 굽어돌면
환히 길 트는 가로수, 그 사이로
슬피 웃는 낮달 걸린다
허수아비 꿈꾸며 들녘 거닐다가
목덜미 스치는 찬바람에 깨어나 보면
서둘러 떠나고 빈 의자만 앉아 졸고 있는
시외버스 대합실.
누군가 두고 간 따스한 잡지책 위로
갈잎 춤추듯 내려와 앉는
話頭 하나

어떤 별리

그 읍에는 닷새마다 우시장 선다
아래장터엔 땅거미 일찍 지고
팔려가는 송아지와 팔려가지 못한 어미소가
물끄러미 바라보며 눈 끔벅인다

목울대에 덜컥 걸리는 서산 노을 붉다

수수꽃다리

꽃 피는 한 철 그대 눈빛에 젖고

소나기 내리는 한 철 그대 목소리에 젖고

잎 지는 한 철 그대 살결에 젖으면

눈 덮인 한 철 그대 무엇에 젖을까?

개밥바라기의 사랑

김 양 헌 (문학평론가)

去年喪愛女　지난해 사랑하는 딸을 보내고
今年喪愛子　올해는 사랑하는 아들을 잃었네.
哀哀廣陵土　슬프고 슬픈 광릉 땅이여.
雙墳相對起　두 무덤이 마주 보고 있구나.
蕭蕭白楊風　백양나무에 으스스 바람이 일고
鬼火明松楸　도깨비불은 숲에서 번쩍인다.
紙錢招汝魂　지전으로 너희 혼을 부르고,
玄酒存汝丘　무덤 앞에서 술잔을 채우네.
應知第兄魂　아아, 너희들 남매의 혼백은
夜夜相追遊　밤마다 정겹게 어울려 놀고 있으리.
縱有服中孩　비록 뱃속에 아기가 있다 한들
安可冀長成　어찌 그것이 자라기를 바라리오.
浪吟黃臺詞　황대노래를 부질없이 부르며
血泣悲呑聲　피눈물로 울다가 목이 메이도다.

— 허초희, 「哭子」 전문

참척의 아픔보다 더 절절한 것이 있으랴. 지난해 병으

로 딸을 잃고 올해 또 아들을 잃었으니, 그렇게 죽어가는 아이들을 속수무책 바라보고만 있어야 했으니, "슬프고 슬픈 광릉 땅"에 한이 아니 서릴 수 있겠는가. 죽음이 어찌할 수 없는 인간의 운명이라 할지라도, 누구에게나 사별은 감당하기 힘든 마음의 추로 남을 수밖에 없을 터. "어느 가을 이른 바람에/이에 저에 떨어질 잎처럼"(월명사, 「제망매가」) 우리 또한 언젠가 그대 따라 미타찰로 가게 되겠지만, 자식을 먼저 보내는 비통한 심사를, "피눈물로 울다가 목이 메이"는 그 애절함을, 어찌 말로 다할 수 있으리.

"어린 딸은 도라지꽃이 좋아 돌무덤으로 갔다//산꿩도 섧게 울은 슬픈 날이 있었다"(「여승」)며 백석은 멀찍이 떨어져서 참척의 아픔을 다독이고, 김현승은 눈물의 의미를 종교적으로 승화함으로써(「눈물」) 아들의 죽음을 받아들인다. 그러나, 그런다고 그 애통함이 다 가실 수 있겠는가. 김광균은 "저녁 밥상에 애기가 없다"(「은수저」)며 수저도 들지 못한 채, 결코 채울 수 없는 빈자리에 아른거리는 아이의 환영을 떨쳐내지 못한다. 정지용 또한, "고운 폐혈관이 찢어진 채로/아아, 늬는 산새처럼 날아갔구나!"(「유리창」) 한탄하며 슬픔을 감추지 않는다.

장하빈의 시에도 참척의 "단단한 슬픔"(「호두」)이 맺혀 있다. 몇 해 전 시인은 불치병을 앓던 아들을 잃었다. 어린 나이에 이승을 떠났거나 갑자기 닥친 사고사였다면, 통한의 시간을 받아들이기가 훨씬 쉬웠으리라. 그러나, 시인과 가족들은 바로 눈앞에 멀뚱이 앉아 있는 저 승사자를, 어떻게 손써 볼 수도 없는 운명을, 무력감과 두려움과 죄의식, 슬픔과 자책과 절망으로 뒤범벅이 된 채 20년이나 함께 바라보며 견뎌왔다. 덧나고 덧난 상처들로 붉어진 가슴에 "아들의 다친 영혼"과 "납덩이 같은 비애"가 매달려 오랫동안 시를 쓸 엄두조차 못 내고 "절필한 시인"(「자화상」)으로 지내야 했던 세월, "실어증 앓던, 개망초 같은 시절"(「개망초꽃」)을 감당해야 했으니. 시인 또한 한없이 나약한 한 인간 존재일 뿐이라, "어머니 뱃속에서 지워지지 못한 나"를 자탄하며 모든 삶을 "얼룩말의 비애"(「비, 혹은 얼룩말에 대한 회상」)로 몰아갈 수밖에.

그 깊은 "울음 진창", 그 "길고 긴 울음의 터널"(「耳鳴」)을 건너오면서 시인은 "식구들의 잠 둘레 기웃거리다가, 때로는 서가에 갇힌 먼지 덮어쓰고 있다가 새벽녘에 혼자 일어나 짐승처럼 울부짖"(「자명종」)는다. "숟가락조차 이기지 못하는"(「빛 바랜 운동화」) 아들을 바라보는 아버지 가슴에 어찌 격렬한 비애의 폭우가 휘몰아치지 않았겠는가. 시인은 "내 울음소리에 놀라 울고 나중엔 신이 나서 울었"(「자명종」)다는 역설로써 그 비감한 심사를 드러낸다. 그러나 시인은 아들과 식구들 앞에서 울음조차 함부로 터트릴 수 없었으리라. 아들 앞에서 다가올 죽음을 사실로 규정짓는 눈물을 차마 보이지 못했을 터. 그러니 시인의 울음은 겉으로 드러나는 것이 아니라, "새벽녘에 혼자 일어나" 울먹이는 흐느낌이며 가슴을 때리고 때려 피멍든 속울음으로 맺힌 것. 그래서 시인은 자신을 "비오는 밤, 캄캄한 다락방에 갇혀/울부짖던 짐승"(「자화상」)으로 표현한다.

이러하니 시인에게는 모든 존재가 울음을 통해 인식의 방으로 들어오며, 사물들은 아들의 삶과 연관되어 새로운 의미를 지니게 된다. 이런 까닭에 "팔려가는 송아지와 팔려가지 못한 어미소가/물끄러미 바라보"는 장면은 "목울대에 덜컥 걸리는 서산 노을"(「어떤 별리」)과 아무런 어색함 없이 적실하게 결합한다. "높다란 곳 까마득히 흔들리는 까치집"도 "내 눈물"(「봄날, 젖음에 대하여」)로 비치고, 아름다운 꽃조차 "눈부신 상처의 기억들"(「줄장미」)로 쉽게 전이한다. 시인의 울음은 대상 속으로 적극 파고든다. 병든 아이가 없었다면, 대상의 표정은 전혀 달라졌을지도 모른다. 결코 "아물지 않는 상처"(「얼음조각상」)는 대상을 선택하고 해석하며 시어를 조직하는 데 결정적인 작용을 한다. 「날가」도 이런 경우다. "날개 없는 청둥오리"는 생태시의 제재로서도 충분히 의미를 지닐 수 있지만, 시인은 그 불구성을 유전성 불치병으로 "녹슨 바퀴 굴리는" 아들과 겹쳐둠으로써 생명의 연대와 아버지의 사랑이 다르지 않음을 뼛속 깊이 새겨준다.

1

나는 한때
'낙동강 하구, 날개 없는 청둥오리 출현' 이란 記事에 밤새
도록 가슴 친 적 있었다

내 피붙이에게 그런 天刑이라니!

2

오늘도 베란다 한켠에 옹그리고 앉아
녹슨 바퀴 굴리는 열두 살배기
청둥오리처럼 왝왝거리며
저녁 햇살에 날갯죽지 투명하게 만드는 저 아이가
홍건한 녹물로 입 속에 고여온다

―「날개」 전문

비유의 짝이 "내 피붙이"이고 비유의 의미가 "天刑"처럼 극단의 부정성을 띨 때, 흔히 시인의 감정이 과도하게 개입하기 쉽다. 감상성은 시를 유치하게 만들고, 타자를 배제하여 공감대를 약화한다. 가족사라는 제재는 화자와 너무 거리가 가까워서 좋은 시로 승화하기가 어렵게 마련이다. 그러나, 가장 절실한 경험을 던져두고 시를 쓴다는 것 또한 시인으로서 양심을 거스르는 일이라, 시인들은 사적(私的) 넋두리로 떨어지지 않고 공감대를 확보할 수 있는 다양한 진술 방식을 찾는다. 장하

빈은 적절한 감정이입의 대상을 선택하여 그 속성과 자신의 절실했던 행위/상황을 중첩/병치함으로써 객관성을 유지하는 방법을 자주 사용한다. 울음이 가장 많이 나오는 「자명종」에서 감상성이 그다지 느껴지지 않는 것도 화자의 행위가 개연성 있는 사실로 다가오기 때문이다.

감정이입할 대상이 없더라도 시인은 감정을 직접 토로하는 일이 거의 없다. "숟가락조차 이기지 못하는 그를 바라보면/펜대가 내 손가락에서 자꾸 빠져나간다"(「빛 바랜 운동화」) 같은 생체험을 별다른 비유나 수식 없이 적절히 배치하기만 해도 절실한 상황이 잘 나타나기 때문이다. 숟가락도 제대로 못 들 정도니, 섬돌 위에 놓인 운동화는 당연히 무용지물임을, 다른 아이들처럼 그것을 신고 뛰놀 수 없는 비통한 심정임을, 감정이 절제된 몇 개 장면들로 선명하게 묘사한다. 「개밥바라기 추억」은 아들의 재를 올리는 장면을 담담한 필치로 그린다. 김현승처럼 다른 차원으로 승화하는 것도 아니고, 김광균이나 정지용처럼 비통함이 겉으로 폭발하지도 않는다. 비록 실제로는 펑펑 쏟아지는 눈물을 주체할 수 없었다 하더라도, 작품의 전경에는 화자의 심리적, 정서적 정황을 표출하지 않고 재를 올리는 장면만 객관적으로 묘사한다.

등에 업혀 새록새록 잠들다가
어두운 강물 속으로 사라져간 개밥바라기

하얗게 얼어붙은 강 어귀에서
모닥불 지펴놓고 그를 기다렸다

한참 뒤, 폭설 내려와
강의 제단에 바쳐지는 눈발 부둥켜안고
모래톱 돌며 齋를 올렸다

눈 그친 서녘 하늘에 걸린 초롱불 하나

—「개밥바라기 추억」 전문

울음은 이면 깊숙이 가라앉는다. "등에 업혀 새록새록 잠"든 아이, 이 천진난만한 아이를 감싸고 있는 어둠과 폭설은 죽음 이미지를 넘어 오히려 고요한 부활처럼 다가온다. 재를 올리는 장면 묘사 또한 너무나 간명하여 죽음은 피안의 세계로 떠나는 별리의 통고가 아니라, 홍진의 티끌 다 버리고 맑디맑은 별빛 되어 남은 자들을 지켜주는 "초롱불"로 떠오른다. 슬픔은 겉으로 드러나지 않고, "사라져간/기다렸다/내려와/부둥켜안고/올렸다/걸린" 같은 용언의 그림자로 스며든다. 오랫동안 초조하게 기다려온 죽음이기에, 어쩌면 막상 죽음이 이르자 모두들 담담하게 그것을 받아들였는지 모른다. 죽음보다 죽음을 기다린 시간이 훨씬 더 고통스럽지 않았겠는가. 울음을 삼키며 보듬어야 할 육신이 있다는 것은 지워지지 않는 개밥바라기로 가슴에 각인된 부재의 한보다 더 참담한 일이 아니었을까. 아마도 이것이 「자명종」, 「날개」, 「빛 바랜 운동화」, 「자화상」처럼 아들을 껴안고 있는 작품들이 죽음 직후를 그린 「개밥바라기 추억」이나 「해후」보다 더 격한 정서를 드러내는 까닭일 터.

대상과 적절한 심리적 거리를 유지하는 방법을 터득하지 못했다면, 장하빈의 시는 아마 눈물의 강에 떠내려갔을 것이다. 절박한 정서적 경험을 노출하지 않고 객관적 거리를 확보함으로써 시인은 개인의 현실을 보편의 진실로 끌어올린다. 오래 실어증 앓던 세월 보내고 다시 시를 쓰기 시작하면서, 시인은 슬픈 운명의 나날을 "세상사 다스리는 법"(「西厓 생각」)으로 승화한 듯하다. "햅쌀밥 같은 詩篇 묶으라는 말"(「봄날, 젖음에 대하여」), 아들의 이 한 마디가 축축한 비애를 언어 뒤로 감추고 "푸른 기적"(「첫사랑」)처럼 정갈한 노래를 싹트게 했는지도 모르겠다.

물론 그렇다고 해서 장하빈의 시가 밝은 낯빛을 보이는 건 아니다. 전경이 깔끔하긴 하지만, 의미를 따라가보면 어느새 "단단한 슬픔"에 닿는다. 적어도 속울음 냄새나마 맡게 된다. 시의 제재/대상부터 "버림받은"(「난지도」) 것들, "나사 풀린 인간들"(「오토바이골목에서 서성이다.」)이 자주 나온다. 아니, 오히려 시인의 비애가 알게 모르게 그런 제재를 선택하도록 만든다고 하는 게 옳겠다. 불구인, 비정상인 대상이나 언어에 시인은 예민하게 반응한다. "앉은뱅이꽃"(「자화상」)이나 "벌레 먹은"(「줄장미」) 줄장미, "지상에 발 묶인, 목 잘린 나무들"(「1978년, 한림」), "붉은피톨 돌지 않"는 "투명한 날개"(「얼음조각상」)의 얼음새 같은 것들.

때로는 「호두」처럼, 비정상이랄 게 없는 자연물의 속성과 거기에 얽힌 전설을 버무려 비애의 등가물로 재구성하기도 한다. 얼핏 읽으면 호두의 본질이 슬픔을 껴안고 있는 것처럼 보이나, 곰곰이 따져보면 그것은 시인의 속울음을 투사하는 대상이며, 인간의 실존적 상황을 암시하는 상징물이다. 하나의 문장으로 이루어진 전편에서 모든 관형절은 "슬픈 여인"을 향해 촉수를 뻗음으로써 반복의 리듬을 형성하여 전체를 동질의 진실로 받아들이게 한다. 주관적 인식을 표현한 1~2행과 설화를 옮겨온 8~9행은 통사구조의 유사함이 만드는 리듬을 따라 객관적 사실을 순차적으로 기술한 3~7행의 이미지와 합일한다. 그리하여 가치중립적인 호두라는 자연물은 "슬픈 여인"으로서 내적 필연성을 얻는다.

저토록

단단한 슬픔을 머리에 이고 있는

장대로 올려치면 호드득호드득 떨어져 사방 구르는
상처 난 껍질 벗기다 보면 손바닥 붉게 물들이는
욕망의 이빨로 와사삭 깨물어 보거나
돌멩이로 두들겨 속울음 하나씩 꺼내면
수줍은 알몸 드러내고 마당귀에 껍데기 쌓이는
언제였던가, 먼 나라에서 쫓겨나 이 땅에 시집 온
楸子란 별명을 가진
슬픈 여인

—「호두」 전문

이처럼 장하빈 시의 장점은 대상을 정확히 관찰하고 그것에 자신의 삶을 투사하여 인간 보편의 진실로 확장하는 데 있다. 깊은 애상이 배어 있으나 비통함에 빠져 허우적대지 않는 애이불비(哀而不悲), 이것이 서정의 원천이 되어 부재에서 솟아오르는 그리움을 아름답게 수놓는다. 시인은 부재가 인간이면 누구나 마주치는 존재론적 한계임을 깨닫는다. 참척의 아픔이 없더라도 우리는 모두 "가슴에 초 한 자루 묻고/비탈에서 비탈로 가는 사람들", "타고난 곱사등이" 아닌가. 따지고 보면 너와 내가 다르지 않다. 앞서간 너와 뒤따르는 내가 무에 그리 큰 차이가 있겠는가. 그래서 시인은 자신의 업보를 검붉은 비애가 아니라 "푸른 절망"(「갓바위 오르는 사람들」)으로 바꾸고 기꺼운 마음으로 갓바위를 오르는 것이다.

「가시연꽃」과 「直指에 들다」 등 2, 3부의 여러 작품들도 부재와 소멸의 아름다움을 그리고 있다. 가시연꽃을 보러 우포늪에 갔으나, "슬픔의 뿌리 감싸던 그대 모습 보이지 않"는다. 그러나 그대는 없어도 옥잠, 생이가래, 개구리밥, 냇버들, 억새풀, 고니, 흰뺨검둥오리, 오목눈이, 댕기물떼새, 노랑때까치가 천지사방에서 반긴다. 삶은 다른 곳에도 있다. "스쳐간 봄날의 直指心經"(「가시연꽃」)은 한 번 가면 영영 사라지는 것이 아니라 끊임없이 모습을 바꾸며 시인의, 우리의 가슴을 따뜻하게 데운다. 「오토바이골목에서 서성대다」나 「西厓 생각」도 신산한 삶을 포근하게 보듬는 작품이다. 「겨울, 비파산」에는 죽음조차 "양지바른 곳"에 핀 꽃대궁인 양 정겨운 것으로 나타난다. 고통과 비애를 따뜻함으로 감싸안는 장하빈의 시는 「내소사 단청」처럼 천진하리만큼 해맑은 서정을 자아내기도 한다.

전나무 숲길 지나
벚나무 화안한 마당 지나
능가산 내소사 들어서면
저 높은 곳, 둥지 튼 비탈진 삶도
따사로운 봄 언덕에 기대었습니다

대웅보전 들러 합장하는 순간
수수꽃다리 훔쳐보던 사랑
부처님한테 그만 들키고 말아
붓을 불고 관음벽화 속으로 날아갔습니다

요사채 뒷마당 우물가 돌아가 보면
붉은 깃털 하나 빠져 울고 있었습니다

—「너소사 단청」 전문

"따사로운 봄 언덕"의 "비탈진 삶"을 읽을 줄 아는 시인에게도 아직 무의식의 우물에 눈물이 남아 있기는 하다. "생의 한복판을 관통해 간"(「첫사랑」) 참척의 아픔이 어찌 쉬 잊힐 수 있겠는가. 그러나 그에게는 삶을 정직하게 받아들이고, 덧난 상처 따뜻하게 끌어안는 마음자리가 있다. 그 마음이 "햅쌀밥 같은 詩篇"의 바탕이 되어 언젠가 세상 모든 슬픔을 기쁨으로 바꾸는 열쇠가 되리라. 이것이 시인이 꿈꾸는 "위대한 반란"이 아닐까. "지상에서 추방 당한 술병과 깡통 같은 것들/상처 난 주둥이 맞대고 부둥켜안아/한 핏줄로 얼크러"(「난지도」)져 사랑을 실천하는 거룩한 반란, 이것이 개밥바라기가 남긴 사랑의 참모습이 아닐까.

듣자니, 최근 시인도 병이 깊어 모두들 걱정이라 한다. 하지만, 시인에게는 "머지않아 내 몸도 낡아 폐차장으로 실려갈 것"(「안개」)임을 꿰뚫는 여유와 혜안이 있으니, 병을 이기는 일쯤이야 그리 어렵지 않으리. 빨리 완쾌하여 개밥바라기처럼 밝고 맑은 작품으로 어두운 세상 한 쪽 환하게 비추기를 바란다.

장 하 빈

본명은 장지현이며, 1957년 경북 김천에서 태어났다.
1980년 경북대학교 국어교육과를 졸업하고
1997년『시와 시학』신인상으로 등단했다.
한국시인협회, 대구시인협회, 대구문인협회 회원으로 활동하고 있으며,
현재 송앤포엠 시창작교실을 열고 있다.

비, 혹은 얼룩말

초판 1쇄 발행 / 2004년 8월 15일
초판 2쇄 발행 / 2009년 6월 25일

지은이 / 장 하 빈
펴낸이 / 박 진 환

펴낸 곳 / 만인사
등록번호 / 1996년 4월 20일 제03-01-306호
주소 / (우)700-813 대구광역시 중구 대봉2동 743-7
전화 / (053)422-0550
팩스 / (053)426-9543
홈페이지 / www.maninsa.co.kr

ISBN 978-89-88915-51-6 03810

값 7,000원